CONGRÈS DE LA PROPRIÉTÉ BATIE DE FRANCE
LYON 1894

SECTION I

L'IMPOT DES PORTES & FENÊTRES

RAPPORT

PAR

M. A. HOCQUET

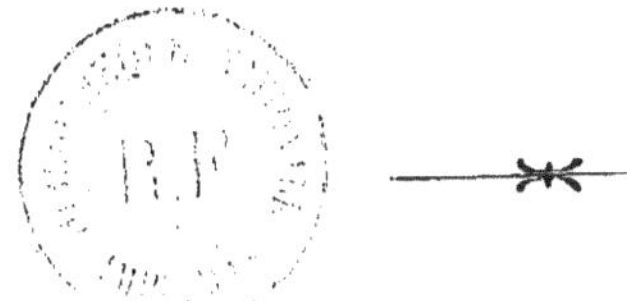

Vice-Président de l'Union des Propriétaires fonciers
de St-Germain-en-Laye et du Pecq

LYON
IMPRIMERIE DU SALUT PUBLIC
71, Rue Molière, 71

—

1894

L'IMPOT DES PORTES & FENÊTRES

Cette question a été déjà longuement et très sérieusement traitée dans les Bulletins périodiques des Chambres syndicales de Paris et de Lyon. La compétence des auteurs ne permet d'ajouter à leurs travaux que de très modestes considérations.

D'autre part, les pouvoirs législatifs se trouvent saisis, par le projet du budget pour 1895, de propositions tendant à supprimer l'impôt dont il s'agit, et à le remplacer par une taxe nouvelle. Ce qu'on peut dire à ce sujet court donc grand risque d'arriver trop tard, et de ne plus s'appliquer qu'à une chose jugée.

Cependant l'Union des Chambres des propriétés immobilières de France a désigné la question comme devant être soumise au Congrès de cette année et il a paru possible, sinon bien fructueux, de faire un résumé historique des diverses phases du sujet ; on a cru pouvoir y joindre quelques réflexions, pour lesquelles l'auteur sollicite la bienveillante attention du Congrès.

HISTORIQUE

Après avoir reconnu l'insuffisance des impôts fonciers et des cotes mobilière et personnelle, établis pour remplacer les taxes de l'ancien régime — après la vente des biens nationaux qui n'apporta que peu d'argent au Trésor, puisque les paiements se firent surtout en assignats très dépréciés, — malgré l'affermage de divers monopoles tels que la pêche et la chasse, le budget annuel en France présentant toujours un déficit croissant, le gouvernement du Directoire recourut à des taxes nouvelles.

Le retrait de la circulation de 32 milliards d'assignats sur les 44 milliards qui avaient été créés, et la suppression, au bout de quelques mois seulement, des mandats territoriaux qui avaient remplacé les assignats, avaient contribué, pour une large part, à la gêne des finances qui prit une acuité particulière dans les années 1796 et 1797.

Une loi portant établissement d'une contribution sur les portes et fenêtres comme supplément à l'impôt mobilier parut le 4 frimaire an VII (24 novembre 1798).

« Le Conseil des Anciens, adoptant les motifs de la déclaration « d'urgence qui précède la Résolution ci-après, approuve l'acte d'urgence. »

Suit la teneur de la Déclaration d'urgence de la Résolution du 11 Brumaire :

« Le Conseil des Cinq Cents, après avoir entendu le Rapport de sa commission des finances,

« Considérant qu'il est instant d'assurer au trésor public la rentrée « de six cent millions de recettes nécessaires aux dépenses ordinaires « de l'an VII

« Déclare qu'il y a urgence.

« Après avoir déclaré l'urgence, le Conseil prend la résolution suivante :

« Article premier. — Il y aura pour l'an VII une contribution « réglée de la manière suivante :

« Art. 2. — Cette contribution est établie sur les portes et fenêtres « donnant sur les rues, cours ou jardins des bâtiments et usines, sur « tout le territoire de la République, et dans les porportions ci-après.

« Art. 3. — Les portes et fenêtres, dans les communes au-dessous

    « de cinq mille âmes paieront. . . . . 20 centimes
    « de cinq à dix mille . . . . 25 »
    « de dix à vingt-cinq mille . . . . 30 »
    « vingt-cinq à cinquante mille . . . . 40 »
    « de cinquante à cent mille . . . . 50 »
    « de cent mille âmes et au-dessus. . . . . . . 60 »

« Les portes cochères et celles de magasins, de marchands en gros, « commissionnaires et courtiers, paieront double contribution. »

« Art. 4. — Dans les communes au-dessus de dix mille âmes, les fenêtres des troisième, quatrième, cinquième étages et au-dessus ne paieront que vingt-cinq centimes.

« Art. 5. — Ne sont pas soumises à la contribution établie par la « présente les portes et fenêtres servant à éclairer ou aérer les granges, « bergeries, étables, greniers, caves et autres locaux non destinés à « l'habitation des hommes, ainsi que toutes les ouvertures du comble ou « toiture des maisons habitées.

« Ne sont pas également soumises à ladite contribution les portes et « fenêtres des bâtiments employés à un service public civil, militaire « ou d'instruction ou aux hospices.

« Néanmoins si les dits bâtiments sont occupés en partie par des « citoyens auxquels la République ne doit point de logement d'après « les lois existantes, les dits citoyens seront soumis à ladite contribu-« tion à concurrence des parties des dits bâtiments qu'ils occuperont.

« Art. 6. — Les municipalités sont tenues, dans les dix jours de la
« présente loi, de faire, ou faire faire par des Commissaires l'état des
« portes et fenêtres sujettes à l'imposition.

« Art. 7. — La réunion des états ci-dessus, visés par le commissaire
« du Directoire exécutif, formera le rôle de chaque arrondissement de
« commune, et il sera rendu exécutoire par l'administration centrale.

« Art. 8. — Il sera fait remise à chaque commune de cinq centimes
« par chaque franc du montant du rôle, pour subvenir aux frais du rôle,
« et le surplus, s'il y en a, sera employé aux dépenses locales.

« Art. 9. — La remise de chaque percepteur sera, par franc, le quart
« de ce qui lui est alloué, aussi par franc, pour la levée des autres
« impositions.

« Art. 10. — L'assiette et le recouvrement de la contribution ci-
« dessus établie, sont placés sous la surveillance et l'inspection de
« l'agence des contributions directes.

« Art. 11. — Immédiatement après la clôture du rôle, l'agent
« particulier des contributions directes transmettra à l'agent général le
« résultat des sommes portées dans chaque rôle. Celui-ci les réunira
« pour en faire connaître le montant total au Ministre des Finances,
« pour qu'il en rende compte au Directoire exécutif qui en informera le
« corps législatif.

« Art. 12. — La contribution des portes et fenêtres sera exigible contre
« les propriétaires et usufruitiers, fermiers et locataires principaux des
« maisons, bâtiments et usines, sauf leur recours contre les locataires par-
« ticuliers pour le remboursement de la somme due à raison des locaux
« par eux occupés.

« Art. 13. — La présente contribution sera payable par tiers dans
« les trois mois après la mise en recouvrement du rôle.

« Les percepteurs, les préposés des receveurs et les receveurs eux-
« mêmes, en sont déclarés personnellement responsables ; ils seront en
« cas de retard poursuivis sur leurs biens et celui de leurs cautions,
« sauf le recours des receveurs sur leurs préposés, de ceux-ci sur les
« percepteurs, et de ces derniers sur les contribuables.

« ART. 14. — Les redevables seront contraints au paiement de la
« contribution, par saisie et vente de leur mobilier, vingt-quatre heures
« après le commandement qui leur sera fait par écrit par le per-
« cepteur.

« L'exécution pourra porter sur les meubles et effets des locataires,
« jusqu'à concurrence des sommes par eux dues.

« ART. 15. — Lorsque le même bâtiment sera occupé par le proprié-
« taire et un ou plusieurs locataires ou par plusieurs locataires seule-
« ment, la contribution des portes et fenêtres d'un usage commun sera
« acquittée par les propriétaires ou usufruitiers.

« ART. 16. — Les différends qui pourront s'élever sur le paiement
« de la contribution ci-dessus établie, seront décidés sur simples
« mémoires et sans frais par les administrations municipales; en cas
« de recours, par les administrations centrales, sur le rapport et les
« conclusions du Commissaire du Directoire exécutif.

« La présente résolution sera imprimée.

« Signé: Dubois (des Vosges), *président;* G. Bergasse; Bruslé;
« Gerla; Bonnaire (du Cher), *secrétaires.*

« Après une seconde lecture, le Conseil des Anciens approuve la Réso-
« lution ci-dessus.

« Le 4 frimaire an VII de la République.

« Signé: Moreau (de l'Yonne), *président;* Bellegarde: Michiels:
« Barennes; Thabaud, *secrétaires.* »

L'impôt des portes et fenêtres fut donc à l'origine un impôt de quotité,
c'est-à-dire ayant pour base un tarif proportionnel suivant l'importance
de l'objet imposé.

Plus tard, 13 floréal an X, il devient impôt de répartition, c'est-à-dire
que le pouvoir législatif, s'inspirant du rendement des années précé-
dentes, en fixe le montant total dans la loi budgétaire de chaque année
et la répartition en est faite entre les départements par cette même loi:
les Conseils généraux font la répartition entre les arrondissements, et
les Conseils d'arrondissement entre les communes; mais arrivé à la
commune, l'impôt est bien obligé de reprendre son caractère primitif
de quotité en affectant à chaque ouverture une taxe proportionnelle à
l'importance de l'immeuble, de la population et du taux à répartir dans
la commune.

Le tarif de la loi de l'an VII est très peu élevé, les six classes formées
en raison de la population des villes varient de 0 fr. 20 à 0 fr. 60 par
ouverture et peut aller seulement jusqu'au double pour les portes
cochères de plusieurs catégories d'habitations.

On voit par les articles 6 et 7 qu'il n'avait pas été fait de recensement
préalable, et malgré les précautions prises par les articles 12, 13 et 14
pour assurer la perception, l'insuffisance du rendement parait avoir fait
éprouver aux agents du Trésor une grande déception. D'ailleurs, le même
résultat se produisait pour les autres impôts: les rentrées se faisaient
mal, de nombreux propriétaires étaient absents, il y avait beaucoup de
cotes irrécouvrables et il ne doit pas paraître surprenant que, quelques
mois à peine après l'apparition de la loi, elle ne fût modifiée profondé-
ment pour en augmenter le produit.

Faisons remarquer que l'art. 12 impose aux locataires particuliers
l'obligation de payer l'impôt des portes et fenêtres et que des poursuites
peuvent être opérées sur leurs meubles et effets comme le prescrit l'art. 14.

Le 18 ventôse an VII (8 mars 1799), parut la loi ordonnant la perception pour l'an VII d'un supplément à la taxe établie sur les portes et fenêtres. Elle mérite d'être citée en entier.

« Le Conseil des Anciens, adoptant les motifs de la déclaration
« d'urgence qui précède la résolution ci-après, approuve l'acte d'urgence.

Suit la teneur de la déclaration d'urgence et de la Résolution
du 11 ventôse :

« Le Conseil des Cinq Cents, considérant qu'il est instant de prendre
« les moyens de mettre les recettes au niveau des dépenses de l'an VII,
« Déclare qu'il y a urgence et prend la Résolution suivante :

« ARTICLE PREMIER. — Il sera perçu pour l'an VII, à titre de sup-
« plément, une taxe sur les portes et fenêtres, égale à celle établie par
« la loi du 4 frimaire dernier.

« ART. 2. — La taxe sur les portes cochères et charretières et celles
« des magasins des marchands en gros et commissionnaires et courtiers
« sera :

« Dans les communes au-dessous de cinq mille habitants de   1 fr.
« De cinq à dix mille de . . . . 2 »
« De dix à vingt-cinq mille de . . . . 4 »
« De vingt-cinq à cinquante mille de . . . . 6 »
« De cinquante à cent mille de . . . . 8 »
« De cent mille et au-dessus de . . . . 10 »

« En conséquence, il est dérogé, quant à ce, à la dernière partie de
« l'art. 3 de la loi du 4 frimaire, et les sommes payées en vertu du dit
« article seront imputées à compte sur la contribution établie par le
« présent article.

« ART. 3. — Sont exemptes du doublement de la contribution les
« ouvertures des habitations qui n'ont qu'une porte et une fenêtre.

« ART. 4. — Le paiement du doublement de la taxe établie par la
« présente, ainsi que l'augmentation sur les portes cochères et charre-
« tières, sera fait en trois mois et en trois termes égaux à partir du jour
« de la promulgation.

« ART. 5. — Les exceptions comprises en l'article 5 de la loi du
« 4 frimaire continueront d'avoir lieu.

« ART. 6. — La présente Résolution sera imprimée.

                    « Signé : Malis, *président*, etc.

« Après une seconde lecture, le Conseil des Anciens approuve la
« Résolution ci-dessus.

« Le 18 ventôse an VII de la République française.

« Signé : Delacotte, *président ;* Boutteville ; Cailly ; Jevardat-
« Fombelle, Maupetit, *secrétaires.* »

Malgré l'idée d'augmentation qui a présidé à l'élaboration de cette loi, on trouve cependant une exemption, mais seulement pour le doublement de l'impôt primitif, à l'égard des maisons qui n'ont qu'une seule porte et une seule fenêtre.

Le budget de chacune des années qui suivirent la loi de ventôse an VII fut établi sur les mêmes bases que celui de cette année, jusqu'à la loi du 4 germinal an XI (25 mars 1803) qui apporta à l'impôt des portes et fenêtres des modifications notables.

La voici :

« ART. 19. — La contribution des portes et fenêtres est fixée pour « l'an XII, en principal, à la somme de seize millions.

« Les propriétaires de manufactures ne seront taxés que pour les « fenêtres de leurs habitations personnelles et de celles de leurs « concierges et commis.

« En cas de difficultés sur ce que l'on doit considérer comme manu- « factures, il y sera statué par le Conseil de préfecture.

« ART. 20. — La répartition de cette somme de seize millions sera faite entre les départements, conformément au tableau n° 5 annexé à la présente.

« ART. 21. — Il sera perçu, en outre du principal de la contribution « des portes et fenêtres, dix centimes additionnels par franc affectés aux « frais de confection des rôles et aux fonds de dégrèvement et de non « valeur. »

(Suit le tableau de répartition entre les départements).

Notre impôt prend, dans cette loi, les caractères de l'impôt de répartition, comme l'avaient déjà, dans cette même loi, l'impôt foncier et la cote mobilière personnelle et somptuaire.

« En 1831, le 26 mars, dit M. Coquet, l'impôt des portes et fenêtres « fût converti en impôt de quotité, de telle sorte que le produit en fut « plus que doublé, bien que le tarif n'eût pas été augmenté.

« Cet accroissement excita contre le système de la quotité un tel « mécontentement que, par une autre loi du 21 avril 1832, l'impôt de « répartition fut rétabli. *(Bulletin du Syndicat de Lyon, 1er septem-* « *bre 1890, page 3). Rapport Ballue.* »

Cette loi de 1832 était celle qui portait fixation des recettes pour le budget de l'exercice courant. Voici les articles relatifs à la question :

DES PORTES ET FENÊTRES

« ART. 24. — A partir du 1er janvier 1832, la contribution des « portes et fenêtres sera établie par voie de répartition entre les dépar- « tements, les arrondisssements, les communes et les contribuables, « conformément au tarif ci-après, sauf les modifications proportion-

« nelles qu'il sera nécessaire de lui faire subir pour remplir les contin-
« gents :

POPULATION des VILLES et des COMMUNES	Pour les maisons à					Pour les maisons à 6 ouvert. et au-dessus		
	1 ouverture	2 ouvertures	3 ouvertures	4 ouvertures	5 ouvertures	portes cochères charretières et de magasins.	portes ordinaires, fenêtres de rez-de-chaussée, entresol 1er et 2e étages	fenêtres du 3e étage et des étages supérieurs.
Au-dessous de 5,000 âmes	» 30	» 45	» 90	1 60	2 50	1 60	» 60	» 60
de 5,000 à 10,000 »	» 40	» 60	1 35	2 20	3 25	3 50	» 75	» 75
de 10,000 à 25,000 »	» 50	» 80	1 80	2 80	4 »	7 40	» 90	» 75
de 25,000 à 50,000 »	» 60	1 »	2 70	4 »	5 50	11 20	1 20	» 75
de 50,000 à 100,000 »	» 80	1 20	3 60	5 20	7 »	15 »	1 50	» 75
Au-dessus de 100,000 »	1 »	1 50	4 50	6 40	8 50	18 80	1 80	» 75

« Dans les villes et communes au-dessus de 5,000 âmes, la taxe
« correspondante au chiffre de leur population ne s'appliquera qu'aux
« habitations comprises dans les limites intérieures de l'octroi. Les
« habitations dépendantes de la banlieue seront portées dans la classe
« des communes rurales *(ainsi modifié par l'art. 3 de la loi du
« 30 juillet 1885)*.

« ART. 25. — Le contingent assigné à chaque département sera
« réparti entre les arrondissements par le Conseil général, et entre les
« communes par les Conseils d'arrondissement, d'après le nombre des
« ouvertures imposables.

« ART. 26. — Le Directeur des Contributions directes formera,
« chaque année, un tableau présentant : 1° le nombre des ouvertures
« imposables des différentes classes ; 2° le produit des taxes d'après le
« tarif ; 3° le projet de répartition. Ce tableau servira de renseignement
« au Conseil général.

L'article 25 ne laisse aucun doute sur le caractère de répartition donné
à l'impôt, et c'est encore aujourd'hui, la législation qui régit la matière,
malgré diverses tentatives de modification ou de suppression.

PROJET

Après avoir rappelé les phases principales de l'histoire de l'impôt des
portes et fenêtres, il faut reconnaître que la question s'agite actuellement
de le supprimer.

Pourquoi ?

Cette taxe est-elle, plus que d'autres, difficile à recouvrer ? Oh ! assurément non ; le contribuable en France paie presque toujours sans mot dire.

Ne rend-elle pas ce qu'on lui demande ? — En 1803 elle donnait en principal 16 millions : de nos jours, elle en donne environ 58 (57.792.705 fr.).

« C'est un impôt facile à asseoir, à vérifier, tout en étant fort modéré. « Le *statu quo* paraît préférable à la suppression (Boutin, Rapport Ballue, p. 197).

Les plus intéressés, les propriétaires et les locataires eux-mêmes, ne poussent pas trop de cris à ce sujet.

La question est encore pendante devant le Parlement (juillet 1894), mais sur le point d'être résolue, grâce à l'ardeur déployée par les hommes politiques, les économistes, écrivains, etc., etc., qui, on serait tenté de le croire, s'emparent avidement de cette occasion d'un changement à faire. C'est un aliment nouveau à leur activité, un sujet à se mettre sous la dent.

On peut cependant admettre l'idée de cette suppression, en raison particulièrement de ce qu'il est possible de faire croire que cet impôt prive d'air les populations, et qu'on a pu faire attribuer à des propriétoires l'intention de faire des économies en diminuant dans leurs constructions le nombre des ouvertures.

M. Guillemet, dans un rapport du mois de mars dernier, s'exprime ainsi :

« Tout a été dit sur cette taxe imposée à la propriété bâtie, et qui « mesure aux citoyens l'air et la lumière, c'est-à-dire les choses les plus « indispensables à la vie. Tout le monde, croyons-nous, est d'accord à « l'heure actuelle pour demander sa suppression. »

C'est ainsi que la plupart des écrivains, sur ce sujet, prétendent que tout a été dit, que tout le monde est d'accord, mais personne ne donne de bonnes raisons, comptant sur celles que les autres ont dû donner. La privation d'air et de lumière n'est-elle pas une grosse erreur, quand on songe que la loi autorise la construction de fenêtres aussi grandes que l'on veut, qui ne paient pas plus que les petites ?

M. Burdeau, alors qu'il était ministre des finances, déclare que cette contribution est justement critiquée et condamnée, mais il ne donne pas de motifs. La suppression étant admise néanmoins, car elle n'a, de prime abord, rien de bien hostile aux intérêts des propriétaires puisqu'ils supportent une part de l'impôt, il s'agit de remplir le vide fait par là au budget.

Quant à l'impôt spécial qui doit remplacer celui-là, on ne peut que demander qu'il touche également chacun, suivant des règles déterminées.

Pour résoudre la question, les projets sont innombrables, chacun d'eux offrant des caractères particuliers en rapport avec l'éducation politique ou la situation de l'auteur, ses besoins, ses prédilections ou ses rancunes pour exonérer telle classe de citoyens ou surcharger telle autre.

Le présent travail nous entraîne à examiner très brièvement quelques-uns d'entre-eux, en vue de considérer la valeur des moyens destinés à rétablir l'équilibre du budget qui serait détruit par la suppression de l'impôt qui nous occupe.

Nous ne voulons pas recourir au rapport si remarquable de M. Claude, sénateur des Vosges, sur la consommation de l'alcool, qui remonte à 1884 et dans lequel se trouve exposé le système de M. Alglave, donnant le monopole de l'alcool à l'Etat et devant permettre la suppression de nombreux impôts, celui des portes et fenêtres entre autres.

Nous ne dirons que sommairement ce que renferme le rapport également très intéressant de M. Ballue qui a aussi le tort, ou le mérite, de remonter à 1884. Il voulait déjà transformer tous les impôts directs en impôts de quotité ; imposer de 4 fr. 50 0/0 en principal, le revenu net de la propriété non bâtie et le revenu de la propriété bâtie ; imposer de 3 0/0 les créances sur l'Etat, la rente ; — de 4 0/0 les valeurs mobilières, — de 6 0/0 les créances hypothécaires et chirographaires ; augmenter de 15 0/0 le droit sur les patentes, de 50 0/0 les patentes des banquiers, de 100 0/0 celles des agents de change de Paris.

Patentés les peintres, sculpteurs, graveurs, professeurs, éditeurs, auteurs. Imposés les traitements des fonctionnaires, des pensionnaires, des employés d'administrations particulières. Imposés les bénéfices de fermages. — Taxe d'habitation variant de 9 à 15 0/0 du loyer.

Il demandait la suppression de l'impôt des portes et fenêtres, de la taxe mobilière, des droits sur les boissons, des droits sur le papier, sur la grande vitesse, etc., etc.

Le rapport de M. Ballue examinait les projets de M. Bisseuil qui demandait aux capitaux mobiliers ou immobiliers, un impôt de 1 fr. 75 pour mille, qui devait produire 400 millions ; — de M. Marion qui voulait remplacer les taxes sur les objets de consommation par un impôt de 1 0/0 sur les revenus des capitaux et de 0 fr. 50 0/0 sur les revenus du travail ; —de M. Silhol qui dès 1882, voulait supprimer 650 millions d'impôts sur les portes et fenêtres, patentes, boissons, etc., qu'il retrouverait par un impôt de 5 0/0 sur le revenu des valeurs mobilières, rentes, toutes créances, bénéfices commerciaux, etc., etc. — De M. Leydet qui faisait disparaître les impôts de consommation et en créait un proportionnel et progressif de 2 à 10 0/0 sur le revenu.

De longue date, on le voit, la question est agitée. Il serait laborieux de relater tous les autres projets qui ont paru depuis 10 ans, et il sera peut-être aussi instructif de faire seulement une brève énumération de ceux qui ont vu le jour dans ces derniers mois, dans lesquels d'ailleurs, on retrouvera les idées principales des projets antérieurs.

Le projet de M. Guillemet, 10 mai 1894, vise la réforme générale de l'impôt ; son but général est de supprimer tous les impôts injustes, et de les remplacer par le monopole de la rectification des alcools et par un impôt mixte sur le capital et les revenus suivant les facutés de chacun.

Ce projet mérite d'être examiné de près :

Les impôts à supprimer comprendraient la contribution foncière, propriétés bâties et non bâties ; la personnelle mobilière, les portes et fenêtres, les patentes et la taxe militaire.

Dans les impôts indirects, suppression des droits sur les baux et antichrèses, frais de droits de greffe, timbres de quittances, reçus, chèques, récépissés de chemin de fer, timbre spécial des lettres de voitures, récépissés.

A supprimer encore les droits sur les boissons, vins, cidres, poirés, hydromels, bières, vins alcoolisés ; sur la consommation du sel, sur la fabrication des huiles minérales, les droits d'entrée des huiles végétales, la fabrication des bougies et stéarines, la consommation des vinaigres et acides acétiques ; les droits sur les places et transports en chemin de fer en grande vitesse et autres voitures, bacs, passages d'eau, pêches, francs-bords ; licences, boissons et voitures publiques ; sucre indigène, allumettes.

N'est-ce pas un beau rêve, et n'y a-t-il pas là de quoi donner satisfaction aux auteurs de beaucoup d'autres projets moins complets, sans compter la satisfaction des contribuables ?

Pour donner à l'Etat, appelé à subvenir à l'entretien des services publics, une compensation de toutes ces suppressions de revenus, M. Guillemet propose d'abord de donner à l'administration le monopole de la rectification de l'alcool, comme elle a déjà celui des tabacs.

Il y aurait 24 grandes usines de rectification et 400 usines de petite dimension pour le service des bouilleurs agricoles, le privilège des bouilleurs de cru étant supprimé. Le résultat financier serait à peu près celui-ci :

La consommation de l'alcool s'élève chaque année à environ 2,750,000 hectolitres. Chaque hectolitre coûterait à l'Etat 55 francs et serait revendu 400 francs, ce qui donnerait finalement une recette de 847,250,000 francs.

Il y aurait lieu de créer des entrepôts ; les droits de douane seraient portés à un chiffre prohibitif, soit 400 fr. par hectolitre.

M. Guillemet propose ensuite l'établissement d'un impôt mixte sur les capitaux et sur les revenus, impôt de quotité et dégressif fixé sur la déclaration des contribuables.

Il y aurait aussi un impôt de séjour sur les étrangers.

Viennent ensuite, et successivement depuis le mois de mars dernier,— le projet de M. Gendre tendant à supprimer les prestations et à les remplacer par des centimes additionnels au principal de toutes les autres contributions existantes ; — le projet de M. Pierre Merlou, sensiblement pareil à celui de M. Guillemet ; il établit trois cédules de capitaux à imposer de 1 à 3 pour mille, et trois cédules de revenus à imposer de 1 à 3 pour cent ; — le projet de M. Chavoix supprimant les quatre impôts directs et les remplaçant par un seul impôt proportionnel sur toutes les valeurs constituées, de 2 fr. 50 pour mille du capital ; — le projet de M. Cot supprimant les droits d'octroi et les remplaçant par des taxes directes sur les propriétés, ou signes de richesse ; — le projet de M. Mas, qui voulant lui aussi supprimer les octrois, les remplace par une addition à la licence des débitants, et, en cas d'insuffisance, aux quatre impôts directs. M. Mas recommande de charger surtout la propriété bâtie qui lui paraît appelée à devenir l'objet de l'impôt communal par excellence.

Les projets financiers de M. Cavaignac ne nous paraissent pas très nettement définis. Nous voyons en effet dans les journaux de ces jours derniers l'annonce de contre-projets destinés à établir l'impôt sur le revenu, alors que dans l'exposé des motifs d'un projet qui remonte seulement au 10 mars dernier on peut lire des déclarations telles que celles-ci : « Nous pensons qu'il y aurait quelque imprudence « à substituer actuellement à l'ensemble de nos contributions directes, « un impôt général et personnel sur le revenu, — expérience aléatoire, « — qui nous paraît une réforme difficile à attendre comme pro- « chaine. »

Dans le projet du 10 mars, M. Cavaignac énonce que la répartition actuelle des impôts fait supporter, en général, aux contribuables les plus pauvres, sur leurs maigres ressources, un prélèvement plus que proportionnel ; cela vient, dit-il, de l'étendue des contributions indirectes augmentées par l'accroissement des charges publiques, et perçues d'une façon occulte qui en diminue la lourdeur.

Le remède ne se trouve, d'après le projet, qu'en appliquant des taxes progressives sur les successions et en reportant sur les contribuables qui jouissent de revenus considérables, une partie des charges qui pèsent sur les contribuables pauvres ou peu fortunés.

Dans la proposition de loi, qui suit l'exposé des motifs, il n'est pas question des successions, pas plus que de l'impôt sur le revenu, mais seulement de la contribution personnelle et mobilière et de la propriété non bâtie.

La contribution mobilière devra être répartie entre les communes en raison de l'ensemble des valeurs locatives d'habitation ; des exemptions nombreuses et progressives sont accordées aux loyers de 101 à 500 dans les villes de 2,000 à 100,000 habitants.

Les bases actuelles d'appréciation de la cote foncière sont maintenues. Les cotes s'appliquant à des contenances de moins de 2 hectares ne seront pas mises en recouvrement.

Les cotes d'une contenance de   75 à 100 hectares sont majorées de 20 %.
   —   —   101 à 200   —   —   30 %.
   —   — au-dessus de 200   —   —   50 %.

En ce qui touche l'impôt des portes et fenêtres, M. Cavaignac est partisan de la suppression; il est appelé, dit-il, à perdre très prochainement son individualité.

Le projet de M. Burdeau, alors ministre des Finances, était soumis à la discussion des Chambres, comme constituant le projet de budget pour 1895. On a dit que la commission du budget s'était montrée peu favorable aux idées de M. Burdeau.

Le projet de loi supprime la contribution personnelle mobilière et celle des portes et fenêtres. Il est suppléé au déficit que créent ces suppressions par l'élévation à 4 % du taux de la contribution foncière des propriétés bâties qui avait été fixé à 3 fr. 20 pour cent par la loi du 8 août 1890, — et par la création d'une contribution d'habitation qui se compose de deux taxes distinctes, savoir : 1° une taxe sur les loyers d'habitation; 2° une taxe sur les domestiques.

La taxe sur les loyers est l'objet d'un tarif variable décroissant en raison de l'augmentation de la population de chaque ville et comprenant huit catégories, de 6 fr. 60 % à 4 fr. 95 % pour les localités au-dessous de 1,000 habitants et allant de 1,001 à 200,001, plus Paris.

Le projet renferme d'autres dispositions très intéressantes sur les impôts indirects, les monopoles, les conventions relatives aux chemins de fer, etc., mais qui se rattachent moins immédiatement au sujet spécial qui nous occupe.

Ce projet ayant d'ailleurs perdu l'attache gouvernementale, se trouve renvoyé, confondu avec tous les autres qui proviennent de l'initiative parlementaire.

De nouveaux projets se produisent chaque jour sur les modifications à apporter à l'impôt. M. Georges Berry supprime les octrois pour les vins, et remplace leur produit par une taxe proportionnelle à la valeur du loyer du domicile personnel M. Goblet veut l'établissement d'un impôt sur les revenus.

Quoique déjà longue, voilà une énumération bien écourtée cependant, et la série des propositions n'est pas épuisée. La discussion du budget de 1895 qui paraissait devoir amener enfin la solution de toutes les questions soulevées, a laissé jusqu'à ce jour les choses dans le même état. Un projet de sérieuses réformes doit être présenté par le Gouvernement.

OBSERVATIONS

Dans l'assemblée où nous nous trouvons réunis, nous ne devons retirer de tous ces projets que ce qui en ressort relativement à l'impôt des portes et fenêtres.

Tous ou à peu près demandent la suppression de l'impôt, mais, comme nous l'avons dit, sans apporter de raisons bien déterminantes, et sans produire les plaintes des intéressés propriétaires ou locataires.

Pour remplacer la taxe supprimée, les uns veulent créer une taxe spéciale, ce qui ne parait pas absolument indispensable; d'autres veulent que la compensation se retrouve dans le remaniement d'un impôt existant, par exemple, M. Burdeau en augmentant la contribution de quotité des propriétés bâties; d'autres encore veulent recourir à la refonte générale de l'impôt et supprimer avec celui des portes et fenêtres, tous ceux qui déplaisent et ils sont nombreux; c'est le projet Guillemet.

Ce que nous devons désirer, nous propriétaires, c'est d'être traités, à ce sujet, non avec faveur, mais avec justice, c'est-à-dire que si l'on supprime une charge aux locataires ce ne soit pas dans le seul but de l'imposer aux propriétaires.

L'impôt en question est un impôt mobilier, M. Guillemet a donc eu tort de dire que c'est une taxe imposée à la propriété bâtie; elle est imposée à la location, au droit d'habitation. Le directeur des Contributions directes, M. Boutin, a dit lui-même que c'est une taxe mobilière. M. Ballue rappelle que d'après l'intention du législateur primitif, la Convention, c'était un supplément de la cote mobilière; et malgré cela, cet économiste veut que le propriétaire supporte la taxe entière, par cette raison, qu'on doit trouver insuffisante, qu'il en supporte déjà une partie.

Le rehaussement d'impôt sur la propriété bâtie, préconisé par M. Burdeau et par d'autres, est d'autant moins justifiable qu'il n'est pas exact d'affirmer qu'il s'adresse à l'une des sources de richesse les plus évidentes et les plus certaines. Si cela peut être vrai pour les propriétés situées dans les grandes agglomérations, telles que Paris, Lyon, Marseille, il est loin d'en être ainsi dans les petites villes et les villages; dans ceux-ci la location est difficile, hasardeuse, les produits peu élevés et souvent difficiles à recouvrer, les charges d'entretien et d'impôt déjà très lourdes, ce qui autorise à affirmer, au contraire, que la propriété bâtie dans ces conditions est une très maigre fortune.

Un esprit qui n'est pas absolument nouveau semble vouloir conduire les prochaines générations à nier le droit de propriété.

Les anarchistes, eux, n'y vont pas par quatre chemins, ils se font bravement voleurs ; des exemples nombreux et récents le démontrent clairement.

Les collectivistes demandent l'expropriation, même et surtout sans indemnité pour les propriétaires.

Les chemins de fer, les compagnies de navigation, les mines, les grandes usines, depuis les minoteries jusqu'aux hauts-fourneaux et les grands ateliers de constructions ; enfin les grands magasins, cauchemars des commis paresseux, tout doit passer des mains de ceux qui ont payé aux mains de l'Etat, protecteur des nouvelles couches et chargé de les pourvoir du bien-être qu'elles sont incapables de se procurer elles-mêmes.

Il est absolument certain, si l'on n'y met des entraves, que les détenteurs de la propriété bâtie y passeront bientôt après et, si l'on se contente encore actuellement des grapiller seulement par des impôts successifs sur nos maisons, il faut prévoir qu'un jour ces maisons seront à leur tour déclarées biens de la nation, gérées par une armée de fonctionnaires émargeant au budget et données en jouissance aux favorisés du gouvernement d'alors.

Les derniers à exproprier, ce seront les paysans, parce que, eux aussi sont le nombre et que, ne craignant pas de se commettre, ils résisteront cette fois non pas seulement en paroles, mais avec bec et ongles, sans compter les fourches.

Le simple bon sens, la plus naïve équité, voudrait que l'impôt des portes et fenêtres supprimé de nom, si on le rétablit de fait sous une autre appellation, fut supporté toujours par ceux qui en étaient chargés, c'est-à-dire par les locataires ou autres occupants de locaux, et parmi ceux-ci nous comprenons naturellement les propriétaires qui, eux aussi, ont bien quelque part une habitation ayant portes et fenêtres, et même des portes à usage commun de la maison, dont eux seuls paient la contribution.

« Si cette contribution avait pour but, comme la contribution per« sonnelle mobilière, d'atteindre l'ensemble des revenus des contribua« bles, il a paru que la vraie réforme consistait à la remplacer par la « cote personnelle mobilière réorganisée. »

C'est ainsi que s'exprime M. Burdeau, ce qui ne l'empêche pas, quelques lignes plus loin, de conclure à la négative.

Les projets s'accordent assez généralement à vouloir que les charges de l'impôt soient proportionnelles aux ressources de l'imposé. — L'ancienneté de cet axiome doit-il le rendre absolument invulnérable ?

On pourrait cependant trouver plus rationnel d'établir la proportionnalité en raison de l'emploi que fait chaque contribuable de l'organisme social. S'il est des choses dont tout le monde profite à peu près également et dont chacun a besoin, comme les routes, les chemins, il faut reconnaître qu'il y en a d'autres qui n'ont de raison d'être que pour certaines catégories de personnes : les honnêtes gens n'ont pas besoin de gendarmes, de tribunaux, de prisons, de gardiens ; si le crime n'existait pas, on n'aurait pas besoin de protection contre lui. C'est donc le crime et tout ce qui y conduit qui devrait tout d'abord être lourdement chargé, l'ivresse, le jeu, la débauche.

Nous savons bien que les criminels, en général, offrent peu de ressources ; mais M. Alglave, M. Guillemet savaient bien comment on peut faire pour amoindrir le vice.

Admettons la proportionnalité de l'impôt sur les ressources de chacun, mais sur l'universalité des contribuables.

Le projet Burdeau motivait la suppression de l'impôt des portes et fenêtres sur la nécessité de parvenir à l'égalité fiscale en lui assurant le caractère démocratique.

L'égalité ne sera peut-être pas bien rigoureusement observée en déchargeant les locataires d'un impôt pour en charger les propriétaires.

La propriété bâtie est, comme le sol français, aujourd'hui extrêmement divisée, chacun cherchant à avoir sa maisonnette où il jouit de la liberté d'habitation que n'a pas au même degré le locataire ; on peut donc dire que la propriété bâtie est démocratisée et que l'immense quantité de petits propriétaires, ouvriers et paysans, a droit à quelques ménagements au titre d'une équitable démocratie.

Sur neuf millions de maisons, il y en a six millions qui présentent un revenu imposable de moins de cent francs, il y en a 1.133.412 dont l'impôt doit être au-dessous de 20 francs, 2.725.603 dont l'impôt doit être de 21 à 50 francs et 2.134.121 de 51 à 100 francs.

Quant aux maisons considérables des grandes villes, destinées à la location, maisons de rapport, elles sont l'objet de simples opérations commerciales, démocratique au même titre et assurément aussi indispensables à la vie, que les établissements où il se vend du vin, des denrées, des vêtements ou des chaussures.

Il resterait donc, n'ayant pas le caractère démocratique, les grandes habitations, hôtels, châteaux, ce que la statistique appelle maisons exceptionnelles, au nombre de 44.000, occupées par leurs seuls propriétaires ; c'est une petite minorité, et on ne peut pas considérer comme équitable un impôt qui atteindrait seul un petit nombre de contribuables.

Proportionnalité bien réglée de l'impôt si l'on veut, mais avec la participation de tous ; voilà la vraie, la saine démocratie.

On devrait renoncer à toutes les exonérations d'impôt qui se rencontrent nombreuses dans tous les projets.

La tendance à faire supporter les charges du budget par un petit nombre de contribuables riches ou très riches paraît dangereuse et impolitique.

Dangereuse, parce que ce petit nombre peut aller en s'amoindrissant toujours et finalement se réduire à une émigration possible ou à un morcellement improductif.

Une grande propriété payant cinq ou six mille francs d'impôt, si elle se divise en cent petits propriétaires exonérés, ne donne plus rien à l'Etat ; un million de valeurs financières a trop de facilités pour changer de pays, s'il se trouve molesté.

Impolitique, et on pourrait dire immorale parce qu'elle retire aux citoyens pauvres ou presque pauvres, le sentiment noble de participer aux charges qui soutiennent la chose publique. Du moment que tous sont admis à la vie nationale sous tous ses aspects, militaires, administrateurs, électeurs, éligibles, chacun doit avoir mission de soutenir selon ses ressources, la machine administrative et gouvernementale. Le prolétaire se montre souvent plus fier qu'un gros financier, d'exhiber la quittance du percepteur.

« Une exemption d'impôt basée uniquement sur la modicité du loyer,
« pourrait produire des résultats contraires à la justice distributive
« (M. Boutin). »

En exonérant les petites cotes, les petits loyers, les petites ressources, on exonère évidemment le plus grand nombre ; or, ne voit-on pas que c'est le plus grand nombre qui produit l'effort le plus puissant, depuis le grand nombre des bulletins de vote, jusqu'au grand nombre de sous laissés pour la caisse des grèves

Nous ne voulons pas manquer de citer à l'appui de notre thèse, l'opinion d'éminentes personnalités, que nous trouvons à propos de la discussion toute récente de la loi sur les contributions directes.

Dans la séance de la Chambre, du 9 juillet 1894, M. Cavaignac a dit que s'il s'agissait d'un impôt définitif (au lieu d'une mise en essai de l'impôt sur le revenu) on pourrait abaisser le minimum imposable (4.000 fr.) ; on pourrait même examiner la question de savoir s'il n'y a pas un minimum de perception *à maintenir pour tous les citoyens*.

Et M. Jules Roche indigné, s'écrie quelques moments après : « Comment ! vous osez prendre pour argument devant une Chambre française, que l'impôt que vous proposez ne va pas s'adresser à l'universalité de la nation, mais que vous allez chercher un petit nombre de

« citoyens pour en faire une caste, une classe nouvelle, en présence de
« laquelle vous instituerez, comme au temps de Justinien, je ne sais
« quelle plèbe que vous affranchirez de l'impôt comme indigne de con-
« tribuer aux charges de la nation ! »

Mais écoutons M. Ribot, dans la séance du 10 juillet :

« Je fais appel à la Chambre et je lui demande ce qu'elle pense de
cette conception politique et sociale qui consiste à rayer de la liste des
contribuables le plus grand nombre possible de nos concitoyens ; je lui
demande ce que vaut cette conception pour la solidité de notre démocratie et pour l'avenir de notre pays.

« S'il y a dans ce pays quelque chose qui fasse honneur au caractère
de notre démocratie, c'est précisément ce principe d'égalité auquel sont
attachés aussi bien les hommes des campagnes que ceux des villes, ce
principe qui fait considérer comme un honneur de contribuer aux
dépenses publiques avec tout ce qu'il y a dans ce mot : de contribuer à
la gloire de la France, au paiement de ses dettes passées, d'avoir sur sa
feuille de contribuable l'histoire abrégée du gouvernement de ce pays,
dans le passé et le présent, avec son mélange singulier de grandeur, de
fautes, de prospérité et d'infortune.

« Oui, ces millions de paysans dont on a raconté la marche victo-
rieuse en Allemagne, affranchis par la Révolution française depuis cent
ans, ont considéré comme un devoir et un honneur de rester inscrits
sur ces listes, et je puis dire que les registres du percepteur, comme
les contrôles de notre armée, sont encore une des formes de l'unité de
la famille française.

« Ne touchez pas à cela ! Qu'est-ce que cette obole de un ou deux
francs que vous jetez au contribuable que vous rayez ? L'idée morale
qui est derrière cette somme infime, l'idée politique. mais elle est ines-
timable, inappréciable ! Ce n'est pas, entre nous, une question d'argent,
une question de un ou deux francs, de simplification des rôles. C'est une
idée politique à laquelle il ne faut pas toucher, à moins de raisons déci-
sives, et vous n'en apportez aucune.

…« M. Maujan avait dit : personne ne sera exempt de l'impôt, l'ou-
« vrier acquittera cette dette budgétaire qui sera des plus réduite pour
« lui, comme il acquitte sa dette militaire. Nous ne voulons pas créer
« une race de parias. »

M. Ribot résume ainsi son argumentation :

« Je dis que l'idée qui consiste à réduire le nombre des contribuables à une petite minorité est une idée fausse, antidémocratique, dangereuse et contraire aux traditions libérales de ce pays. »

Que chacun paie donc la contribution si petite qu'elle soit, toute
méthode contraire n'est qu'un moyen de flatterie envers la foule.

C'est dans le même ordre d'idées et contrairement à celles qui ont cours aujourd'hui, que nous conseillerons le maintien des taxes de consommation et de la plupart des contributions indirectes.

« Se confondant avec le prix des objets, ils épargnent au contribuable
« cette sorte de contrainte que comporte toute autre forme d'impôt.
« Tandis que l'assiette des contributions directes si ingénieux, si per-
« fectionné qu'en soit le mécanisme, laisse à l'erreur une part toujours
« irréductible, l'impôt de consommation ne s'applique jamais qu'à la
« dépense réellement faite. Il pèse sur le superflu, il atteint surtout
« ceux qui consomment au-delà de leurs besoins et, par contre, ceux
« qui savent se restreindre, y échappent dans la mesure qui leur con-
« vient. »

Voilà la thèse qu'énonce M. Ballue avant de la combattre, mais, disons-le, avec une argumentation peu convaincante.

« Les contributions indirectes ne se paient que peu à peu et d'une
« manière souvent à peine sensible. (M. Boutin).

Nous avons déjà dit que M. Cavaignac trouve que la façon occulte dont se perçoivent ces contributions en diminue la lourdeur.

Nous ne saurions mieux dire.

Nous devons ajouter cependant un propos à nous tenu par un ami directeur en province dans les Contributions indirectes, vieux dans le métier et bon juge, à notre avis. Il affirmait que, si on lui laissait appliquer sévèrement les lois actuelles, le service des Contributions indirectes pourrait à lui tout seul payer la dette de la France.

N'est-ce pas l'occasion de placer ici, de reprendre avec M. Léon Say le mot de Calonne : « Nous avons une ressource considérable dans les
« abus. C'est dans les abus que nous trouverons de quoi équilibrer les
« finances. Nous n'avons qu'à faire payer à ceux qui ne le paient pas,
« l'argent qu'ils doivent au Trésor. »

Notre ami le directeur est peut-être dans la vérité.

CONCLUSIONS

Les propriétaires n'ont aucune raison de s'opposer à la suppression de l'impôt des portes et fenêtres.

C'est un impôt mobilier. La taxe qui le remplacera ne peut être imposée à la propriété bâtie, mais bien au droit d'habitation.

Cette taxe pourrait être rattachée à la contribution personnelle mobilière, et, si cette dernière est supprimée, à une contribution générale supportée également par chacun.

Si notre contribution spéciale doit être englobée dans un remaniement général des impôts, nous ne voulons pas y contredire, estimant que les hommes de gouvernement, lorsqu'ils s'en trouveront la force, sauront toujours faire accepter par les contribuables les impôts suffisants pour subvenir aux frais de l'Etat.

Nous préconisons personnellement le maintien des contributions indirectes et l'extension de quelques-uns des droits qui s'y trouvent compris, droits de l'alcool, droits de succession, etc.

Nous acceptons le droit sur les facultés de chacun ou sur les revenus, mais sans aucune exonération complète; le droit peut être modéré, très réduit à l'égard des contribuables peu fortunés ou pauvres, sauf à le percevoir s'il y a nécessité suivant une méthode proportionnelle bien répartie sur les riches ou très riches.

Après la série des impôts proposés par le monde officiel, le monde parlementaire surtout, on pourrait encore en trouver que l'opinion publique rumine comme possibles et qu'elle considère comme équitables et comme devant être très productifs : les journaux quotidiens et autres publications périodiques, sans qu'il y ait à redouter assurément le ralentissement des progrès de l'esprit public; le jeu sous toutes ses formes, cercles, bourse, courses, qui entrainent à la débauche et à la ruine, au vice, au crime.

Le présent travail était terminé dans le courant du mois de juin, lorsque la discussion de la loi sur les contributions directes pour 1895 est venue nous apporter des éléments très importants d'instruction. Le rapport de M. Cochery, sur les portes et fenêtres en particulier, est établi avec un tel soin d'amplitude et de documents qu'il laisse en arrière beaucoup des autres rapports sur ce sujet, et surtout le nôtre.

Un inconvénient résulte pour nous de cet état de choses : on n'accusera pas M. Cochery, oh non ! d'avoir copié sur notre travail certains passages, certaines idées de son rapport. Il n'est pas moins vrai qu'il y a dans les deux œuvres un certain nombre de ressemblances. Nous ne pouvons que nous trouver très heureux de cette rencontre, en prévenant nos collègues du Congrès de ne pas croire à un plagiat de notre part.

Le Pecq, 15 Juillet 1894.

A. HOCQUET,

Vice-président de l'Union des Propriétaires fonciers
de Saint-Germain-en-Laye et du Pecq.

15.559. — Lyon. — Imp. Salut Public, rue Molière, 71.